OBSÈQUES

DE Mme Vve EUGÈNE SCHNEIDER

DISCOURS

PRONONCÉS

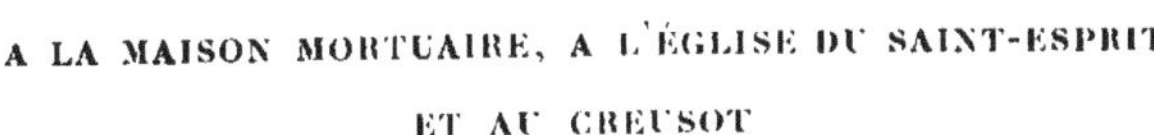

A LA MAISON MORTUAIRE, A L'ÉGLISE DU SAINT-ESPRIT

ET AU CREUSOT

AUX OBSÈQUES

DE

Mme Vve Eugène SCHNEIDER

LES 26 ET 27 DÉCEMBRE 1889

MACON

IMPRIMERIE PROTAT FRÈRES

1890

DISCOURS

PRONONCÉS

A LA MAISON MORTUAIRE, A L'ÉGLISE DU SAINT-ESPRIT

ET AU CREUSOT

AUX OBSÈQUES

DE

MME V^VE^ EUGÈNE SCHNEIDER

LES 26 ET 27 DÉCEMBRE 1889

MACON

IMPRIMERIE PROTAT FRÈRES

1890

OBSÈQUES

DE Mme Vve EUGÈNE SCHNEIDER

SERVICE FUNÈBRE

A LA MAISON MORTUAIRE

Le 26 *décembre* 1889.

M. le pasteur Sautter a lu une portion des saintes Écritures, après quoi M. le pasteur Dhombres s'est exprimé ainsi :

Avant que la dépouille mortelle de Mme Schneider quitte cette demeure, il convient de nous recueillir quelques instants pour nous souvenir et pour prier.

C'est ici que notre sœur a passé les dernières années de sa vie, relativement calmes et heureuses. C'est ici qu'elle recevait les divers membres de sa famille en prodiguant à chacun d'eux les témoignages de sa tendresse. C'est ici qu'elle accueillait ses amis : avec quelle simplicité, avec quelle affabilité, avec quelle bienveillance! Comme elle savait assortir pour ainsi dire ses invités et les rapprocher dans d'intimes causeries! Plus d'une fois ses modestes soirées se sont terminées par le culte domestique, et, dans les salons où nous sommes, la parole de Dieu a été lue, la prière s'est élevée de nos cœurs vers le Père céleste.

Mais c'est aussi dans cette demeure que nous l'avons vue revenir, fatiguée, affaiblie, au commencement de l'hiver. Nous avons compris aussitôt que nous ne possèderions pas longtemps cette précieuse amie. Néanmoins, Mme Schneider reprenait, en la restreignant, sa vie habituelle : occupations de charité, visites, promenades. Elle se préparait aussi à célébrer la communion de Noël, à l'église du Saint-Esprit, lorsque Dieu a jugé bon de la rappeler à Lui et de la convier à une communion plus parfaite, celle du Ciel! Il y a quelques jours, notre sœur fut frappée tout à coup et l'on put prévoir que sa fin était prochaine. — Appelé auprès d'elle, il m'a été doux de constater qu'elle me reconnaissait, qu'elle suivait mes exhortations et mes prières. — Lui ayant demandé de témoigner par un serrement de main qu'elle me comprenait, plusieurs fois sa main a pressé la mienne, et lorsque je lui ai demandé si elle se sentait près de son Sauveur, elle m'a répondu, d'une voix faible mais distincte, un *oui* que nous conservons précieusement comme l'attestation de sa foi et de son espérance. Puis, après une certaine agitation, Mme Schneider est tombée dans un sommeil paisible. Dieu lui a épargné les souffrances de l'agonie, et sa mort a été, comme sa vie, pleine de calme et d'humilité. Entourée de ses serviteurs, et de l'amie fidèle qui ne la quittait plus, de son fils bien aimé et de l'un de ses petits-fils, elle a passé doucement des bras de ceux qui l'aimaient dans le sein de son Dieu.

Notre sœur était prête pour le grand départ. Depuis longtemps toutes ses pensées, toutes ses affections étaient tournées vers la patrie céleste. En serait-il de même pour nous si nous étions appelés à comparaître devant Dieu? Souvenons-nous de l'avertissement solennel : « Veillez et priez, car vous ne saurez ni le jour, ni l'heure où le Seigneur doit venir! » Une mort chrétienne ne s'improvise pas. Ce n'est pas dans les défaillances, dans les accablements du corps et de l'âme qui accompagnent la dernière heure qu'il est aisé de se posséder soi-même pour se donner à Dieu en se réconciliant avec Lui par le sang de la Croix. La préparation la plus sûre d'une mort chrétienne, c'est une vie chrétienne.

Après cette allocution, M. le pasteur Sautter a terminé le service par une fervente prière suivie de l'Oraison Dominicale, du Symbole des Apôtres et de la bénédiction.

SERVICE FUNÈBRE

A L'ÉGLISE DU SAINT-ESPRIT

M. le pasteur Sautter lit la prière liturgique suivie de passages choisis des Saintes Ecritures.

M. le pasteur Dhombres prononce le discours suivant :

Il est des deuils qui sont pour le pasteur des deuils personnels. Affligés, non seulement je pleure avec vous, mais — accordez-moi le privilège de vous le dire — je suis l'un de vous. En montant dans cette chaire pour vous apporter les consolations de l'Evangile, j'ai besoin de me les adresser à moi-même. N'y a-t-il pas des amitiés qui, en se brisant, laissent l'impression d'une sorte de parenté de l'âme et d'un vide qui ne se comblera pas ?

Mme Schneider, avant comme après la mort de son mari, — le créateur de l'un des plus grands centres industriels de la France et de l'Europe, — partageait sa vie entre Paris et le Creusot; et à Paris comme au Creusot, elle répandait ses bienfaits. Les mêmes larmes, les mêmes regrets entoureront son cercueil, ici et là bas. Qu'il nous soit permis de donner une voix à nos regrets, et, tout en la pleurant, de proclamer nos espérances éternelles.

Deux traits caractérisaient la physionomie morale de notre sœur : la bonté et l'humilité. « Lorsque Dieu voulut emprcindre son image dans l'homme, dit Bossuet, il y grava comme premier trait la bonté. » On prend quelquefois cette disposition dans un sens banal. Non, sa bonté n'était pas cela! Elle n'était pas non plus une apparence, le sourire de convention des gens du monde; elle était l'expression des sentiments les plus intimes de son âme, et comme la manifestation spontanée, incessante de tout son être moral. — Pour sa famille, quel dévouement absolu! Quel entier oubli d'elle-même! Quelles dispositions pacifiques! Pour les petits, quel respect! Quelle absence de hauteur! Ses amis les plus modestes, ses serviteurs en témoigneraient à l'envi!

L'humilité. — Jamais aucune personnalité

ne fut plus défiante d'elle-même, ne chercha moins à paraître, ne s'enveloppa de plus de réserve et de silence, ne fut moins éblouie par sa haute situation. On ne pouvait la voir de près sans penser aux béatitudes du sermon sur la montagne : « Heureux les débonnaires, car ils hériteront de la terre. — Heureux les miséricordieux, car ils obtiendront miséricorde. — Heureux les pacifiques, car ils seront appelés enfants de Dieu. — Heureux ceux qui ont le cœur pur, car ils verront Dieu ! »

Ces traits de son caractère naturel avaient été comme regravés en elle par le burin de la grâce et se retrouvaient avec un relief nouveau dans sa piété. En effet, Mme Schneider avait une foi simple, mais ferme, inébranlable. Ce n'était pas un vêtement de circonstance, un décor dans sa vie, c'était sa vie elle-même. Rendre partout à Dieu un culte public, — au Creusot où elle avait créé le culte, à Paris où elle ne manqua jamais de se rendre à l'église, même au temps de sa situation la plus en vue, — c'était pour elle un devoir sacré ; et nous, pasteurs, nous chercherons longtemps, avec tristesse, sa place vide dans ce temple. — Culte domestique, lecture assidue de la Bible, recueillement personnel à la ville, à la campagne, en voyage, elle ne s'en affranchit jamais. — Et pourtant ce n'est pas dans ces formes religieuses qu'elle cherchait le fondement de sa paix. C'est ici que l'humilité fut sa doctrine et sa pratique. Cette femme, au cœur si pur, estimait n'être qu'une grande pécheresse devant Dieu ; elle n'avait d'espoir de salut que dans le sacrifice de Jésus-Christ. Il fallait toujours rassurer son âme craintive, sa conscience délicate, lui dire et lui redire les promesses divines, lui répéter des paroles comme celles-ci : « Il n'y a plus de condamnation pour ceux qui sont en Jésus-Christ... Nous sommes dès maintenant enfants de Dieu, et si nous sommes enfants, nous sommes donc héritiers, héritiers, dis-je, de Dieu, et co-héritiers du Christ. »

Même humilité dans sa charité. Ses dons magnifiques et vraiment extraordinaires à Paris et au Creusot, elle ne s'en glorifiait jamais. Il lui paraissait tout simple d'offrir à Dieu en sacrifice la belle fortune qu'elle tenait de lui. Et, en effet, cela est tout simple pour une âme chrétienne!...

Après une telle vie, la mort ne pouvait surprendre notre sœur. Elle était prête. Elle avait l'habitude de parler de sa fin avec une grande sérénité; nous nous en entretenions comme d'un voyage qu'elle devait faire un jour, peut-être bientôt... On peut dire que cette femme, si timide, montrait, devant l'idée de la mort, un calme, une paix, j'ose dire une grandeur d'âme qui me saisissait... Si un illustre écrivain a pu dire qu'il « essayait chaque jour sa tombe, » elle l'essayait, elle aussi, en la faisant préparer, au sens littéral de ce mot. C'est en pleine santé qu'elle a fait élever ce monument, choisissant elle-même les passages bibliques qui devaient y être inscrits, écartant ceux qui auraient pu attirer l'attention sur sa personne, désignant ceux qui exaltaient la gloire de son Dieu, voulant ainsi indiquer aux passants, aux visiteurs, la source unique et l'objet supérieur de son espérance : Jésus-Christ sacrifié! Ce tombeau modeste, mais pourtant digne d'elle, est au Creusot; c'est là qu'elle doit reposer au milieu de cette population ouvrière qu'elle a tant aimée et qui bénira toujours sa mémoire.

Nous disions, il y a un mois, devant le cercueil du pasteur éminent qui vient de nous quitter, emporté comme le prophète sur un char de feu : « Qui relèvera le manteau d'Elie? » Et nous disons aujourd'hui : « Qui remplacera cette femme chrétienne? » Au Creusot, nous le savons, les œuvres qu'elle a créées subsisteront après elle, sous la protection de son fils qui continuera sa tradition généreuse au milieu de ce peuple de travailleurs dont il a gagné le cœur et la confiance. Mais, au sein de notre église, il faut que ceux qui possèdent les biens de ce monde la fassent revivre, selon cette parole de Pascal : « Toute chose a son propre : le propre de la fortune, c'est de se répandre en libéralités. » Qu'il leur soit donné de comprendre la joie du sacrifice! Et cette joie n'appartient pas aux riches seulement! Elle est le privilège des plus petits. N'avons-nous pas tous quelque chose à donner? Laissez-moi, au lendemain de cette belle fête de Noël, où l'Église universelle s'est prosternée devant la crèche de l'homme-Dieu, laissez-moi placer devant vous ce don ineffable et vous redire avec saint Paul : « Considérez la charité de Celui qui, étant riche, s'est fait pauvre pour nous, afin que par sa pauvreté nous fussions rendus riches ! » En présence de ce don magnifique, qui oserait refuser à Dieu ses biens, ses facultés, son cœur, son être tout entier?

Et n'est-ce pas là le secret d'une vie belle, utile, féconde, qui laisse après elle un sillon de lumière, — qui est en même temps la démonstration éclatante de l'immortalité. Non, une telle vie ne saurait mourir! Ce qui meurt, ce sont nos tentes d'argile, nos vêtements d'infirmité, nos titres, notre faste, nos vaines gloires...; ce qui ne meurt pas, c'est la piété, la bonté, l'humilité, le sacrifice : c'est la foi, l'espérance et, par dessus toutes les autres vertus chrétiennes, la charité... Aussi, nous pleurons notre sœur, mais nous sommes consolés. O vous qui vous séparez d'une mère, d'une aïeule vénérée, vous savez bien qu'elle vit dans la demeure du Père, au sein de la gloire !... Personne ici n'en doute... Personne n'est troublé au sujet de son avenir éternel!

Nous, que Dieu a réunis autour de ce cercueil, ne voudrons-nous pas chercher cette immortalité bienheureuse, — fruit de la foi et de la sainteté ? Qu'il nous soit donné, par l'orientation visible de tout notre être vers Dieu et vers son Christ, par notre fidélité au devoir et au bien, par quelque chose de supérieur et de vraiment divin qui s'échappera de toute notre personne, — qu'il nous soit donné de montrer que nous marchons vers le Ciel, et, pour ainsi dire, de démontrer le Ciel! — Que ceux qui entoureront notre lit de mort entendent la parole du Maître passer sur les lèvres du disciple : « Je monte vers mon Père et vers notre père, vers mon Dieu et vers notre Dieu! »

C'est l'adieu que vous nous avez laissé, ô notre sœur! Recevez maintenant le nôtre : Adieu, au nom de votre fils qui a eu le privilège d'entourer vos dernières heures, de votre fille absente qui, de loin, vous a soutenue par ses prières! Adieu, au nom de vos petits-enfants, de tous les membres de votre famille et de vos nombreux amis! Adieu, au nom de l'amie dévouée qui a partagé votre vie pendant vos dernières années, qui s'est associée aux travaux de votre charité et vous a soutenue de son cœur vaillant! Adieu, au nom de vos serviteurs auxquels vous avez su inspirer tant de respect et d'affection! Adieu, au nom de cette Eglise que vous avez honorée! Adieu, au nom des pasteurs de cette paroisse, et particulièrement de celui qui a le privilège de les représenter aujourd'hui... Adieu... Mais nous ajoutons, en vertu de cette foi qui déchire les voiles et s'empare de l'Invisible : « Au revoir dans la patrie éternelle! »

Après ce discours, M. le pasteur Sautter a lu la dernière prière liturgique et M. le pasteur Dhombres a donné la bénédiction en ces termes :

« Que la paix de Dieu repose sur cette dépouille mortelle jusqu'au jour de la résurrection glorieuse en J.-C. notre Seigneur!

« Que la grâce de notre Seigneur J.-C., l'amour de Dieu le Père et la communion du Saint-Esprit soient et demeurent avec vous tous! »

« Amen. »

FUNÉRAILLES AU CREUSOT

LE 27 DÉCEMBRE

ALLOCUTION DE M. LE PASTEUR LAFON

DU CREUSOT

MES FRÈRES,

Une fois de plus nous venons d'éprouver que la mort de ceux que nous aimons, pour être prévue et attendue, n'en est pas moins cruelle. Nous savions tous depuis quelques mois que Mme Schneider, cette amie vénérée de tout ce peuple du Creusot, s'affaiblissait de jour en jour et que le terme inévitable était proche. Elle-même le sentait et nous l'avait dit. La dernière fois qu'elle a assisté au culte dans ce Temple, elle a pensé qu'elle n'y rentrerait plus, et tous ceux qui ont eu le privilège de lui serrer la main, avant son départ pour Paris, ont compris, à l'étreinte plus affectueuse encore que d'ordinaire et plus prolongée où cette main volontairement s'oubliait, qu'elle disait à tous le suprême adieu. Pour moi, je me souviendrai toujours de cette dernière entrevue où se mêlait à la douceur d'un entretien chrétien sur les choses qui emplissaient son cœur, — les intérêts de son Église et les besoins des pauvres, — l'amertume de la mort que nous sentions déjà comme se glissant entre nous, et je suis sorti de cette maison, où ceux qui venaient étaient accueillis avec une bonté si prévenante, les larmes aux yeux et le deuil au cœur. Dieu visiblement nous la prenait !

Nous n'avions plus d'espoir de la revoir au milieu de nous, et pourtant, quand la triste nouvelle s'est répandue en un instant d'une extrémité à l'autre de cette ville, à l'émotion et à la douleur universelles, on eût dit que tous étaient non seulement atterrés, mais encore surpris par une catastrophe imprévue. Ah ! c'est que la mort est toujours pour nos cœurs, si attendue qu'elle soit, le coup de foudre qui les brise ! Hélas ! nous savons ce que nous avons perdu ! Nous pleurons, aujourd'hui, non seulement celle qui a fondé ou soutenu, avec une libéralité inouïe, tant d'œuvres de bienfaisance et de foi, celle dont la charité, sans distinction de croyances et de cultes, ne réclamait pour s'exercer envers les malheureux d'autres titres que la souffrance, celle qui « ayant été toute sa vie », — c'est elle-même qui nous le dit dans un acte de dernières volontés dont j'ai eu le privilège de recevoir communication, — « profondément attachée à l'Eglise Réformée de France dans laquelle elle avait trouvé la foi qui sauve, » nous a montré, par son exemple, que l'attachement le plus profond à une Eglise particulière n'exclut pas, mais exige au contraire, la tolérance et l'amour pour tous ; nous ne pleurons pas seulement celle qui n'a jamais cherché qu'à faire du bien partout où elle passait, nous pleurons encore et surtout celle qui, sans orgueil, humble et douce entre toutes, donnait à tous ceux qui l'approchaient quelque chose de bien plus précieux que l'argent et que l'or, une part de son cœur, car si beaucoup sont les obligés de sa charité, tous nous le sommes de sa bonté. Les plus petits et les plus pauvres, du reste, étaient peut-être par elle les mieux aimés. A peine arrivée au Creusot, ses premières visites étaient pour les enfants de ses Ecoles, pour les vieillards de l'Asile protestant et de la Maison de Retraite catholique, pour les malades de l'hôpital. C'est dans ces endroits-là qu'elle se plaisait, elle qui avait eu sa place dans les fêtes du monde, — et du plus grand, — et sa joie était de procurer quelques petits plaisirs à ces déshérités du bonheur. Jamais elle n'était si heureuse que lorsqu'elle distribuait de ses propres mains, aux nombreux pauvres qu'elle appelait chez elle, les paquets de vêtements préparés pour que l'hiver leur fût moins pénible. Et ici même, dans ce Temple où de tous elle était la plus assidue et la plus exacte, toujours je l'ai vue, quand le culte était fini, donner véritablement audience à tous ceux qui voulaient la voir et lui parler, et écouter patiemment, debout, sans une lassitude apparente, les plus malheureux, qui s'en allaient, fiers d'avoir touché sa main. Elle était humble et bonne, parce qu'elle était chrétienne. Elle n'avait pas même l'orgueil — bien pardonnable après tout — de sa charité. Quand on la remerciait des bienfaits reçus, elle semblait s'excuser de vous en avoir comblé. Et ce qui m'a toujours frappé chez elle, ce qui m'a toujours paru le trait le plus admirable de son caractère, c'est, malgré le rang élevé qu'elle occupait dans la société, malgré sa fortune et sa générosité, cette rare modestie — si rare que je n'en ai jamais rencontré de pareille — qui savait mettre le plus humble à l'aise et la faisait elle-même l'égale du plus petit. Aussi notre douleur n'est-elle pas une douleur ordinaire, il nous semble tous que nous avons perdu en elle véritablement une mère. Et nous vous apportons, à vous, les membres de sa famille qu'elle a aimés d'un cœur si dévoué, non pas l'expression seulement de notre respectueuse sympathie, si vraie qu'elle puisse être, mais l'offrande de nos larmes. La sympathie seule est douce souvent aux cœurs affligés : peut-être trouverez-vous quelque adoucissement à votre grande douleur dans ce spectacle émouvant de tout un peuple qui pleure avec vous !

Un adoucissement, ai-je dit, mais non la consolation. Ce ne sont pas les hommes, c'est Dieu seul qui console. C'est avec une entière confiance en l'amour miséricordieux du Père céleste, que nous lui avons remis avec vous, par la prière de la foi, l'âme immortelle de votre mère. Elle savait où elle allait, elle n'avait point peur de la mort parce qu'elle avait entendu la voix du Christ lui dire : « Je suis la résurrection et la vie. Celui qui croit en moi vivra quand même il serait mort. » En l'appelant au ciel presque soudainement, sans vouloir la laisser se débattre dans les étreintes de la souffrance et de la vieillesse, n'estimez-vous pas que ce Dieu, en qui elle se confiait, lui a donné une dernière marque de son divin amour? Nous sommes peut-être trop égoïstes en regrettant si amèrement son départ. Pour nous, sans doute, il eût mieux valu qu'elle demeurât sur la terre. Pour elle, que Dieu a recueillie dans son sein, la vie présente est finie avec ses peines et ses luttes, mais la vie éternelle a commencé avec ses ineffables joies. Pleurons sur nous, ne pleurons pas sur elle. Pourquoi voudrions-nous, s'il était possible, la rappeler parmi les hommes, puisqu'elle est auprès de son Dieu?

Sur ce cercueil qui renferme maintenant

tout ce qui reste ici-bas de celle qui nous aimait tous et que tous nous aimions, nous venons prononcer, non l'adieu éternel de ceux qui n'ont pas d'espérance, mais l'au-revoir joyeux de la foi... Crois au Seigneur Jésus, et tu seras sauvé!... disait l'apôtre saint Paul à un homme qui lui demandait quel était le chemin du salut. Madame Schneider a cru de tout son cœur au Seigneur Jésus, et c'est cette foi qui l'a sauvée, qui l'a sauvée des tentations de l'orgueil et des découragements de l'égoïsme, et qui l'a sauvée ensuite — nous en avons la certitude — de cette justice de Dieu qui nous menace tous, et à travers la mort l'a conduite à la vie. Nous vous avons parlé, on vous parlera sans doute encore de sa charité. Comment pourrions-nous nous empêcher de le faire? Mais ce qu'il faut dire encore, ce qu'il faut dire surtout, c'est qu'elle ne comptait pas sur ses bonnes œuvres pour parvenir à la vie éternelle. Elle les a accomplies uniquement par amour et par reconnaissance pour son Dieu... « Elle ne comptait, disait-elle, pour entrer dans le séjour de l'amour et de la paix éternels, que sur les seuls mérites de son divin Sauveur... » Cette foi au Rédempteur, qui a été la force de sa vie, c'est d'elle uniquement qu'elle souhaitait qu'on parlât sur sa tombe. Sans doute que si, du sein de Dieu où elle repose, elle pouvait nous entendre et être entendue de nous, elle dirait : « Parlez moins de moi, et davantage de mon Sauveur! » Il est une autre charité, en effet, infiniment supérieure à la sienne, à laquelle elle a voulu que nous pensions aujourd'hui, et c'est la charité de Dieu! Elle savait que nous étions tous pécheurs, et elle comme les autres, pécheurs et perdus par nos fautes, mais elle savait aussi que Dieu, dans son amour insondable, a voulu nous pardonner et nous sauver. Elle s'est sentie pardonnée, elle s'est crue sauvée par cette grâce divine. Ce qu'elle a cru, elle l'a proclamé. Sur son tombeau elle a fait graver les paroles de sa foi. Elle a voulu, même morte, vous parler encore par ces passages des Saintes Ecritures que vous pourrez lire tout à l'heure, au cimetière, et peut-être, en effet, quand vous repasserez là-bas, son souvenir au cœur, et que vous vous arrêterez émus devant cette pierre, toute couverte des paroles de Dieu, vous semblera-t-il entendre aussi comme la voix de l'amie disparue vous pressant encore de vous donner au Christ et de croire à l'éternité !

L'éternité, mes frères, qui donc n'en a pas besoin ? La vie est trop courte, elle est trop mélangée de larmes, elle est trop souillée, pour qu'elle puisse nous suffire. Il faut un « au-delà » à nos consciences pour qu'elles soient vaillantes, et pour que nous demeurions debout. La vie de cette grande chrétienne — d'autres diraient de cette sainte — parle peut-être plus haut que les arguments de l'incrédulité, car cette charité porte bien la marque chrétienne, elle est bien la fille de la charité de Jésus ; cet amour des petits et des pauvres, il vient bien de Celui qui s'est déclaré leur représentant et leur ami ; cette humilité parfaite, l'Evangile seul la lui a enseignée ; cette foi sereine en l'avenir, le Christ seul la lui a mise au cœur. Depuis dix-huit siècles, malgré tant d'outrages et de blasphèmes, au milieu du flot mouvant des opinions des hommes, à travers les orages de leurs passions, le Christ demeure, roc inébranlable où viennent trouver refuge tous les naufragés du bonheur et du péché. Si votre conscience est troublée, si la vie vous est dure, si l'horizon de la terre vous paraît trop étroit, si le deuil vous accable, si vous êtes de ces affligés et de ces chargés dont parlait le Christ, — et quel est l'homme qui ne l'est à son heure? — venez à votre tour et essayez de l'Evangile, venez et savourez la joie du pardon divin, venez et tournez vos regards vers l'Eternité! — En vous prêchant le salut par la foi, j'accomplis ici les derniers désirs de notre chère et vénérée Mme Schneider. Suivez son exemple, et en devenant les fidèles disciples du Christ, bientôt vous estimerez, comme elle l'a éprouvé elle-même, que vous avez choisi ce que Jésus-Christ nommait un jour la bonne part, et que rien, ni la richesse, ni les honneurs, ni même le génie, que rien de ce que les hommes admirent ou envient ici-bas ne vaut cette humble foi au Sauveur qui, après nous avoir éclairés, fortifiés et consolés, après nous avoir fait connaître les joies du dévouement et de l'amour, nous ouvre le ciel de Dieu!

ALLOCUTION DE M. LE PASTEUR ARNAL

Président du Consistoire de Dijon.

Mon premier devoir dans la cérémonie funèbre qui nous rassemble est de me faire l'interprète du Consistoire de l'Eglise Réformée de Dijon, représenté ici par tous ses pasteurs, pour vous exprimer, à vous tous membres de cette famille que Dieu vient d'affliger, la profonde sympathie qu'il éprouve pour vous. Il ressent lui-même très vivement la perte que vous venez de faire ; il mêle sa douleur à la vôtre et demande à Dieu de faire abonder en vos cœurs ses consolations les plus précieuses.

Mes frères, après les paroles pleines de gravité que vous venez d'entendre, et qui vous ont rappelé à la fois les austères enseignements de la mort, comme aussi les radieuses espérances de la foi chrétienne, je voudrais vous inviter à vous recueillir un moment en face de la dépouille mortelle qui repose dans ce cercueil, et devant laquelle nous nous inclinons tous dans une muette et respectueuse douleur.

Le juste meurt et personne n'y prend garde, s'écriait autrefois le prophète d'Israël, avec un accent de mélancolique regret. Il n'en sera pas de même dans la circonstance présente ; et c'est pour moi une réelle douceur et une vraie consolation d'avoir à vous parler brièvement de la femme de bien à laquelle nous venons rendre un suprême hommage. Dieu me garde de vouloir faire ici un panégyrique contre lequel elle serait la première à protester ; je veux me contenter de relever quelques traits de la physionomie morale de cette excellente chrétienne.

Ce que Mme Schneider a été au sein de la famille, je me sens quelque embarras pour le dire, car mes relations avec elle ne remontent pas au delà de treize à quatorze ans. Cependant la bienveillance dont elle m'a honoré, pendant ce temps, a soulevé parfois un coin du voile discret qui entoure toujours la vie de famille, et le peu que j'ai pu voir, confirmant tout ce que j'ai pu apprendre de ceux qui étaient des amis plus anciens, me permet de dire que, dans le sanctuaire de la vie de famille, Mme Schneider a fait toujours sentir une influence bénie, non pas tant par la fermeté d'une volonté qui s'impose, ce qui ne s'alliait pas avec sa nature plutôt timide, que par l'autorité de l'exemple en enveloppant tous les siens de tendresse, de douceur, de bienveillance, de support et de dévouement. Son rôle à cet égard était particulièrement délicat, car appartenant par sa naissance à une autre communion chrétienne que tout le reste de la famille, elle ne pouvait remplir sa tâche d'éducation que d'une manière restreinte. Mais même dans ces conditions spéciales, qui ne permettent pas à une mère de déployer la plénitude de son action, et s'élevant avec une grande largeur de vues au dessus des différences confessionnelles, elle a su du moins pénétrer tous les siens du large esprit chrétien fait, avant tout, de l'amour du devoir et de la pratique du bien. Et si, pour donner plus d'autorité à ma parole, j'avais besoin d'un témoignage, je n'aurais qu'à invoquer celui de son propre fils, M. Henri Schneider, qui, dans une cérémonie récente encore, proclamait, avec une filiale émotion, que tout ce qu'il avait de sentiments religieux et de hautes aspirations morales, il les devait à la foi de sa mère.

Le même esprit chrétien que nous venons de saisir dans la vie de famille, nous le retrouvons encore dans la vie sociale. Certes, la vie de Mme Schneider ne s'est pas écoulée dans des conditions communes. Appelée par la haute situation à laquelle avait été élevé son mari, comme président de la Chambre des députés, à frayer avec ce que l'on appelle ordinairement le grand monde, le monde des palais et des cours, elle ne s'était pas laissé éblouir par tant de grandeur, ni entraîner dans le tourbillon du plaisir. Elle s'était bornée à tenir dignement sa place avec simplicité et modestie, de manière à mériter de la part de tous les hommages et le respect.

Mais, obligée de partager son temps entre Paris et le Creusot, ce sont bien certainement les mois qu'elle passait ici dans sa résidence qui étaient pour elle les plus agréables. C'est qu'elle aimait à s'identifier avec la vie des ouvriers qui étaient les collaborateurs de son mari dans le merveilleux développement industriel, qui a fait du Creusot la première usine du monde. Avec quel intérêt sympathique elle aimait à les suivre dans leur vie de famille! Avec quel soin délicat, quelle sollicitude attentive elle savait les entourer aux jours de la maladie, ou les soulager et les aider dans les temps difficiles! Si pour eux sa bourse était largement ouverte, c'est que son cœur était plus largement ouvert encore. Aussi, chaque année, le moment qu'elle voyait revenir avec plaisir avant d'aller reprendre sa vie à Paris, c'était celui où elle présidait aux distributions de vêtements, pendant lesquelles elle voyait défiler le nombreux cortège des indigents pour qui elle avait toujours, avec le secours attendu, un mot d'encouragement et de vraie sympathie.

Ces sentiments, elle les a conservés jusqu'à la fin, et j'en ai trouvé la touchante expression dans les paroles que, d'une main déjà affaiblie, elle écrivait pour prescrire ses volontés au sujet de son inhumation : « Dès qu'il plaira à Dieu de me rappeler à lui, je désire que ma dépouille mortelle puisse reposer de suite au milieu de cette population ouvrière du Creusot, que j'ai toujours beaucoup aimée. »

C'était donc une noble tâche qu'elle avait toujours voulu accomplir; et si elle s'est montrée si fidèle dans le devoir, c'est qu'elle aimait à retremper régulièrement ses forces morales soit dans les élans du culte personnel, soit dans les pratiques du culte public.

La maladie ou des devoirs impérieux pouvaient seuls l'empêcher d'aller s'édifier dans la maison de Dieu, et c'était vraiment touchant de voir avec quel pieux recueillement elle s'associait, de sa voix si pure, au chant des cantiques, ou écoutait la lecture de la parole divine, la prédication et les prières. Pendant ces moments, son âme entière s'ouvrait aux pures émotions de l'adoration en esprit et en vérité.

Cette adoration était loin d'être stérile; elle développait en son cœur les saintes qualités de l'enfant de Dieu, entre lesquelles je n'en veux relever qu'une seule, la débonnaireté, cette forme de la charité qui ne veut pas faire du mal et ne sait pas non plus le soupçonner chez les autres : qualité trop rare qui, avec la modestie et l'humilité, me paraît caractériser plus justement cette belle nature.

Ne croyons pas, d'ailleurs, que cette vertu fût chez elle essentiellement négative. Elle unissait à la débonnaireté un ardent besoin de faire le bien, et même d'assurer le bien après elle en mettant au service de Dieu les richesses que la Providence lui avait si libéralement accordées. De là, les nombreuses œuvres religieuses et institutions de bienfaisance qui ont eu part à ses libéralités et qui, dans leurs budgets, verront se réaliser la parole que l'Ecriture sainte prononce au sujet du juste Abel : « Quoique mort, il parle encore. » Quoique morte, elle parlera, ou mieux, elle donnera encore!

Ah! oui, c'est une belle âme que la terre vient de perdre! Dira-t-on que je prodigue ici la louange au détriment de la vérité, en cachant les ombres et les imperfections qui s'attachent à toute créature, même la meilleure? Les imperfections, oh! sans doute, il y en a eu, et la chrétienne que nous pleurons était la première à les sentir et à les déplorer.

Mais quoi? Nous savons tous que devant le

soleil éblouissant, les étoiles s'effacent et sont comme si elles n'existaient pas. Cependant, lorsque l'astre du jour a quitté notre horizon, nous sommes heureux de contempler ces astres, dont l'éclat plus modeste et scintillant réjouit nos yeux et nous parle à sa manière de l'infini. Ainsi en est-il des vertus humaines : elles disparaissent devant la souveraine splendeur des perfections divines. Mais au milieu des ténèbres morales où le monde est plongé, il ne nous est pas moins bon de pouvoir contempler parfois quelques-unes de ces nobles vies qui, semblables aux étoiles à la clarté discrète, nous disent à leur manière qu'au delà du temps présent il y aura une éternité où tout sera lumière, paix, joie, parce que tout sera pureté, sainteté, perfection. Laissez-nous donc admirer de telles vies sans nous occuper de leurs ombres, parce que seules elles peuvent nous consoler de toutes les hontes et de toutes les iniquités dont la vie humaine nous donne le repoussant spectacle.

Oui ! chère et vénérée sœur à qui nous disons maintenant le suprême adieu, votre souvenir vivra au milieu de nous pour nous fortifier et nous encourager dans les luttes de la vie présente. Il vivra parmi vous, membres de cette famille affligée, pour vous redire chaque jour la parole apostolique : Affectionnez-vous aux choses qui sont en haut, et non à celles de la terre. Il vivra parmi nous tous aussi, mes frères, pour nous rappeler journellement que par dessus les labeurs et les peines de la vie présente, il est un but suprême vers lequel nous devons tendre : la possession d'un bonheur éternel dans la sainteté et la perfection. Marchons tous vers ce but en suivant la voie si noblement parcourue par cette fidèle chrétienne, afin qu'au terme de notre carrière, nous puissions, comme elle, entendre la voix du Sauveur Jésus-Christ nous accueillir au seuil des demeures éternelles en nous disant : Cela va bien, bon et fidèle serviteur; entre dans la joie de ton Seigneur!

ALLOCUTION DE M. CHARBONNIER

Secrétaire général des Usines du Creusot.

MESDAMES, MESSIEURS,

J'ai le triste honneur de rendre un dernier hommage, au nom du personnel des Usines, à Mme Eugène Schneider, à cette femme vénérée qui fut la compagne du fondateur du Creusot; cet honneur, je le dois à la confiance qu'elle avait bien voulu me témoigner en m'associant à quelques-unes des œuvres de bienfaisance qu'elle a fondées ici. C'est avec une profonde émotion que je m'acquitte de ce devoir et je me sens impuissant à exprimer comme je le voudrais les regrets unanimes qui nous rassemblent dans un même sentiment de douleur autour de cette tombe.

Le Creusot est aujourd'hui une des gloires de l'industrie métallurgique, et quand on se reporte par la pensée à cinquante ans en arrière, on ne peut qu'admirer l'intelligence d'élite et la volonté énergique de celui qui a créé ce magnifique ensemble.

Mais à côté de l'œuvre industrielle, il y a l'œuvre morale qui a une portée plus haute et qui ne peut être accomplie tout entière par le chef d'industrie. Il lui appartient de créer des écoles, des édifices pour le culte, — d'ôter au travailleur le terrible souci du lendemain en lui assurant des ressources suffisantes pour ses vieux jours, — de fonder des maisons de retraite pour ceux que l'infortune ou l'isolement condamneraient à une vieillesse malheureuse, — des hôpitaux où les blessés et les malades trouvent tous les secours de la science.

Cette œuvre, M. Eugène Schneider l'avait commencée. Son fils, notre chef respecté et aimé, la continue, et nous l'avons vu fonder l'une après l'autre toutes ces institutions qui témoignent de son ardente préoccupation du bien-être matériel et moral de cette population que l'usine a groupée autour d'elle.

Mais tout cela, Messieurs, ne suffit pas, et pour que l'œuvre soit complète, il faut encore qu'à côté du chef d'industrie une main charitable vienne soulager les misères qu'aucune institution ne peut prévenir ou prévoir, porter l'apaisement dans des cœurs souvent aigris par la souffrance, et travailler ainsi à rapprocher ceux que tant d'incitations malsaines cherchent à séparer.

Ce rôle, vous savez comment Mme Eugène Schneider l'a rempli ; vous savez avec quelle inépuisable bonté elle allait au devant de toutes les infortunes, ne se lassant jamais de donner, reconnaissante à ceux qui lui montraient quelque bonne œuvre à faire, quelque malheureux à consoler, pratiquant la charité dans toute la noble et chrétienne acception du mot, en y mettant tout son cœur.

On trouverait la trace de ses bienfaits dans bien des œuvres lointaines si elle n'avait pris soin de la cacher sous un voile discret chaque fois qu'elle le pouvait. Mais elle avait pour le Creusot une affection particulière et elle y a prodigué les marques de sa bonté. C'est qu'elle aimait profondément cette usine qu'elle avait vue grandir et l'orgueil maternel la rendait heureuse et fière de voir son fils tenir haut le drapeau qu'il tenait des mains de son père. Jusqu'à son dernier jour elle s'intéressa à tout ce qui touchait le Creusot ; au printemps dernier, quoique déjà bien malade, elle ne voulut pas quitter Paris sans se faire conduire au Champ de Mars pour y voir la belle machine à vapeur que le Creusot avait exposée, et elle me disait avec un sentiment touchant combien elle avait été heureuse des témoignages de respect des ouvriers qui la lui avaient montrée.

Vous savez, Messieurs, quelles œuvres importantes elle a fondées ici en faveur des membres du culte auquel elle appartenait et auquel elle était si profondément attachée : des écoles de filles et de garçons largement dotées, — un presbytère, — un asile pour les vieillards et les infirmes de la circonscription synodale à laquelle appartient le Creusot. Mais avec cette largeur de vues que donne un grand cœur, elle a voulu que tous, sans distinction de croyance, eussent une part égale à ses libéralités, et elle a contribué, dans une mesure importante, à la fondation de cette maison de retraite que M. et Mme Henri Schneider ont généreusement édifiée il y a quelques années, ainsi qu'à celle du grand hôpital dont ils vont doter le Creusot et qui va être un nouveau bienfait, une nouvelle marque de leur constante sollicitude pour ce pays.

Et comment ne pas être profondément touché de cette preuve suprême que Mme Eugène Schneider a donnée de ses sentiments, quand, ayant acquis la certitude qu'elle ne pourrait, à cause de la différence des cultes, être inhumée avec les siens dans le caveau de famille, elle a fait élever cette modeste tombe dans le cimetière où reposent ses ouvriers, voulant du moins rester au milieu d'eux comme auprès d'une seconde famille !

Aussi, si elle aimait le Creusot, y était-elle l'objet de la respectueuse affection, de la vénération de tous. Sa mort est un deuil pour la population tout entière, et elle laisse dans les cœurs le sentiment d'une reconnaissance éternelle et d'une amère tristesse de sa perte; son souvenir restera gravé dans nos mémoires, surtout dans celles des humbles et des pauvres dont les larmes l'accompagnent à sa dernière demeure. Puissent les témoignages de la douleur générale adoucir le chagrin de son fils, de tous les membres de sa famille si cruellement atteints dans leurs affections : c'est la seule consolation qui soit digne de celle dont la vie tout entière a été consacrée au bien, et qui a vu venir la mort sans crainte comme la réalisation des espérances immortelles que lui avait données sa foi!

ALLOCUTION DE M. BURDY

Ancien Contre-maître, Conseiller municipal et Membre du bureau de bienfaisance du Creusot.

MESDAMES, MESSIEURS,

Avant que la tombe se referme sur les restes vénérés de celle qu'animait un grand et noble cœur, la reconnaissance doit se faire entendre.

C'est comme membre du bureau de bienfaisance, et au nom de la grande famille des pauvres du Creusot, que je prends la parole pour dire à celle qui, pendant plus d'un demi-siècle, fut leur providence, un suprême adieu et un dernier merci.

Le nom que porte Mme Schneider a été illustré par le génie de l'industrie; sa seule ambition fut de le faire aimer; sa généreuse et bienfaisante bonté l'a gravé en caractères ineffaçables dans le livre d'or de la charité, et dans les cœurs des pauvres dont elle a soulagé la détresse, des infirmes qu'elle a recueillis dans ses asiles, des orphelins dont elle a voulu être la mère.

Toutes les larmes qu'elle a séchées, toutes les douleurs qu'elle a consolées, toutes les souffrances qu'elle a soulagées, voilà sa plus belle couronne dans ce jour de deuil; les pleurs des pauvres apprenant son trépas, voilà son plus éloquent panégyrique!

Recevez, bienfaitrice vénérée, sur cette tombe que nous entourerons d'un culte impérissable, notre dernier adieu et l'hommage public de reconnaissance des pauvres de ce Creusot, tant aimés de vous.

Votre départ laisserait parmi nous un vide dont nous ne nous consolerions jamais, si nous ne savions que votre charité et votre bonté revivent dans les héritiers de votre nom.

Puissent les regrets de la ville entière du Creusot, unie dans un même sentiment de tristesse respectueuse et sincère, et l'espérance des récompenses éternelles promises par le Dieu de charité, adoucir la douleur des membres de votre famille.

TABLE

MACON, IMP. PROTAT FRÈRES

www.ingramcontent.com/pod-product-compliance
Ingram Content Group UK Ltd.
Pitfield, Milton Keynes, MK11 3LW, UK
UKHW021952260726
13994UKWH00004B/1689